TRABAJADORES DE NUESTRA COMUNIDAD

AGRICULTORES

CHRISTINE HONDERS

TRADUCIDO POR ROSSANA ZÚÑIGA

PowerKiDS press

New York

Published in 2020 by The Rosen Publishing Group, Inc.
29 East 21st Street, New York, NY 10010

First Edition

Translator: Rossana Zúñiga
Spanish Editor: Alberto Jiménez
Editor: Greg Roza
Book Design: Reann Nye

Photo Credits: Cover, p.1 Africa Studio/Shutterstock.com; pp. 4–22 Abstractor/Shutterstock.com; p. 5 Joshua Resnick/Shutterstock.com; p. 7 Syda Productions/Shutterstock.com; p. 9 NNehring/E+/Getty Images; p. 11 industryviews/Shutterstock.com; p. 13 mailsonpignata/Shutterstock.com; p. 15 symbiot/Shutterstock.com; p. 17 Alaettin YILDIRIM/Shutterstock.com; p. 19 Fotokostic/Shutterstock.com; p. 21 lzf/Shutterstock.com; p. 22 Morsa Images/Taxi/Getty Images Plus/Getty Images.

Library of Congress Cataloging-in-Publication Data

Names: Honders, Christine, author.
Title: Agricultores / Christine Honders.
Other titles: Helpers in our community (PowerKids Press)
Description: New York : PowerKids Press, [2020] | Series: Trabajadores de nuestra comunidad | Includes index.
Identifiers: LCCN 2019013737| ISBN 9781725312777 (pbk.) | ISBN 9781725312791 (library bound) | ISBN 9781725312784 (6 pack)
Subjects: LCSH: Agriculture–Juvenile literature. | Farmers–Juvenile literature.
Classification: LCC S519 .H58 2020 | DDC 630–dc23
LC record available at https://lccn.loc.gov/2019013737

Manufactured in the United States of America

CPSIA Compliance Information: Batch #CWPK20. For Further Information contact Rosen Publishing, New York, New York at 1-800-237-9932.

CONTENIDO

¡Sin granjeros no habría alimentos!

Hace muchos años, la mayoría de los granjeros solo producía lo necesario para sus familias. Hoy ¡ayudan a alimentar a todo el planeta! Los agricultores cultivan plantas y los ganaderos crían animales para proporcionarnos alimentos. A menudo trabajan día y noche, los siete días de la semana.

¿En qué consisten la agricultura y la ganadería?

La agricultura es el cultivo de la tierra, la ganadería es la cría de animales. Ambas actividades proporcionan alimentos, pero no solo eso: ya sean agrícolas o ganaderas, ciertas granjas nos dan **materiales** para elaborar cosas que usamos a diario. Los granjeros no solo nos ofrecen alimentos, ¡nos facilitan la vida!

Historia de la agricultura

Gracias a la agricultura, los primeros pobladores se establecieron en un lugar y crearon los primeros pueblos, que a veces crecieron hasta convertirse en ciudades. Los agricultores vendieron entonces sus productos a los habitantes de esas ciudades. Las nuevas herramientas, como los tractores, simplificaron y agilizaron los cultivos.

Tipos de granjas

En el Estados Unidos de hoy, muchas granjas están dirigidas por grandes empresas. Se dedican a un tipo de producto y lo venden en los supermercados o los restaurantes. Utilizan la **tecnología** para que los cultivos o la cría de animales sean rápidos y económicos. En otros países hay más granjas familiares que viven de lo que producen.

Frutas, verduras y granos

Los agricultores pueden cultivar frutas, verduras o **granos** (cereales). Saben el momento adecuado para plantar o sembrar las semillas y cuándo y cómo regar los cultivos. Además, **fertilizan** la tierra para obtener más plantas. **Cosechan** los cultivos cuando están maduros y listos para ponerlos a la venta.

Granjas ganaderas

Algunos granjeros crían **ganado**, como vacas, ovejas y cerdos, para vender la carne. Los buenos ganaderos mantienen la salud de sus animales a fin de que esa carne resulte saludable. Los productores de leche crían vacas lecheras. Otros granjeros crían caballos destinados a la práctica de la equitación.

Los granjas abarcan todo

Las granjas nos dan mucho más que alimentos. En algunas se cultiva algodón, en otras se crían ovejas para obtener **lana**. El algodón y la lana se utilizan para hacer ropa y otras cosas. Ciertos agricultores cultivan árboles, de los que se obtiene la madera que sirve para fabricar multitud de objetos.

PINAR

Fumigar o no fumigar

Los insectos y otros seres vivos que dañan las plantas se llaman plagas. Para combatirlas, algunos agricultores rocían sus cultivos con pesticidas, unos **productos químicos**.

Sin embargo, comer alimentos que han sido fumigados con ciertos pesticidas resulta perjudicial para la salud. Además, rociar sustancias químicas en el aire puede dañar a los animales y a otras plantas.

Granjas ecológicas

Las granjas ecológicas u orgánicas también utilizan pesticidas, pero los obtienen de fuentes naturales. Muchos de estos agricultores siembran diferentes productos cada año, lo que ayuda a mantener la tierra fértil y libre de plagas. Los ganaderos ecológicos alimentan a su ganado con piensos orgánicos.

Alimentar a tu comunidad y más

Los mercados agrícolas acercan a los agricultores a la comunidad. Los vecinos puede comprar frutas y verduras frescas cultivadas en su zona. Además, ya sean agrícolas o ganaderas, las granjas crean empleos. Mucha gente se gana la vida en ellas. ¡Los granjeros alimentan a nuestros barrios y a todo el planeta!

GLOSARIO

cosechar: recoger los cultivos que están listos para el consumo.

fertilizante: algo que se agrega a la tierra para favorecer el crecimiento de las plantas.

ganado: animales de granja que sirven para distintos usos.

grano (cereal): semillas de algunas plantas que se utilizan como alimento.

lana: pelo de las ovejas y otros animales.

material: algo con lo que puede hacerse otra cosa.

producto químico: sustancia que se puede mezclar con otra para provocar cambios.

tecnología: forma de hacer algo y herramientas utilizadas para hacerlo.

ÍNDICE

SITIOS DE INTERNET

Debido a que los enlaces de Internet cambian constantemente, PowerKids Press ha creado una lista de sitios de Internet relacionados con el tema de este libro. Este sitio se actualiza con regularidad. Por favor, utiliza este enlace para acceder a la lista: www.powerkidslinks.com/HIOC/farmers